www.jollibre.com

Il·lustració de coberta i cal·ligrames: Lirios Bou

Carrer de les Ciències 73, (Districte econòmic Plaça d'Europa)
08908 L'Hospitalet de Llobregat
Telèfon: 93 230 36 00

ISBN: 978-84-16661-78-7
Dipòsit legal: M-4772-2018
Printed in Spain

Primera edició: abril de 2018

Directora de la col·lecció:
Maite Malagón
Editora executiva:
Yolanda Caja
Direcció d'art:
José Crespo i Rosa Marín
Projecte gràfic:
Marisol del Burgo, Rubén Chumillas, Julia Ortega i Álvaro Recuenco

Contes enigmístics

Alegria Julià

Il·lustracions de: Lirios Bou

jollibre

A manera de justificació

Què és l'enigmística? El diccionari la defineix com l'«Art de comparar i endevinar enigmes representats per gràfics o figures, endevinalles, mots encreuats, etc.» La definició que en fa Màrius Serra, enigmista per excel·lència, és més completa: «Definim enigmística com una tècnica creativa que consisteix en l'art de **jugar** amb els codis de signes.»

He destacat la paraula **jugar** perquè aquest ha estat el desencadenant, el motiu que m'ha fet escriure els contes que hi ha en aquest llibre. Tots ells han estat creats a partir de l'enigmística literària, és a dir, mitjançant les lletres i les paraules. I és que el llenguatge es pot adquirir tot jugant.

Quan els mestres volen engrescar els alumnes, nens i nenes com vosaltres, pensen, busquen i hi donen voltes per tal que les activitats siguin atractives, suggerents i entenedores. En definitiva, volen aconseguir que el treball a fer sigui eficaç en tots sentits.

Pel que fa a la llengua, això resulta força fàcil. Les paraules donen molt de joc, i mai tan ben dit. Es pot jugar amb les paraules i, tot jugant, vosaltres apreneu gairebé sense adonar-vos-en. Què millor que els embarbussaments per aprendre a pronunciar els sons que se'ns resisteixen. I què me'n dieu, de les endevinalles, que amb les comparacions que contenen, activeu la imaginació i milloreu la comprensió lectora. I si feu composicions amb els acròstics, enriquireu notablement el vocabulari.

I així us aniria enumerant i lloant les excel·lències de tots els jocs lingüístics. L'enigmística té tres components essencials que la fan molt atractiva: la **curiositat**, la **recerca** i la **competició**, per aquest ordre. Permeteu-me que us ho expliqui.

Curiositat —L'enigmística desperta la curiositat. Davant d'una endevinalla, d'un joc de paraules, d'un jeroglífic, sempre sorgeixen un munt de preguntes: Què vol dir això? Per què està escrit així? Quina és la resposta?... I aquesta curiositat predisposa a pensar, a imaginar, a fer prediccions i hipòtesis... Però sobretot, a cercar solucions.

Recerca —La recerca és la conseqüència de la curiositat. Busquem respostes, volem saber, volem trobar la clau que deslloriga aquell enigma. I aquesta recerca la fem amb gran concentració. Et rendeixes?, ens pregunta qui ha plantejat l'enigma. No!, responem, no volem donar-nos per vençuts. I seguim rumiant i barrinant fins que... Aconseguim la solució! Aleshores, quina satisfacció!

Competició —Les persones som competitives per naturalesa, és una condició innata en l'ésser humà. I no cal competir amb altres persones, sovint competim amb nosaltres mateixos. Segur que cadascun de vosaltres us heu plantejat reptes que mesuren i comparen les pròpies habilitats: aguantar més temps sota l'aigua, aconseguir saltar més amunt, perdre la por a anar al correfoc...

En l'enigmística hi ha molts reptes a superar, reptes que ens escalfen el cap però, al mateix temps, enriqueixen el pensament.

Espero i desitjo que, tot llegint aquests contes, se us desperti la curiositat, us espavileu a pensar i a fer recerques dins la vostra ment, on teniu emmagatzemats molts més coneixements dels que us penseu. I finalment, que l'esperit de competició us porti, no solament a desxifrar enigmes, sinó a elaborar-ne. La creació d'anagrames, acròstics, cal·ligrames, jeroglífics... us desvetllarà l'enteniment i us farà sentir bé.

Jugueu amb les paraules i sigueu feliços, com jo ho he estat escrivint els contes d'aquest llibre.

Acròstic

EL BARRET

10 ES pensava que acabaria rostida amb aquell sol d'estiu i
VA buscar la manera de tapar-se el cap. L'Aina havia de
TROBAR una gorra o un barret. Així no podia seguir per
UN camí sense cap arbre ni ombra. I de cop va trobar un
BARRET de palla a terra, al mig del camí, semblava fet
PER a ella. Encara que tingués dos forats li serviria per a
PROTEGIR-SE d'aquella acalorada i, així, arribar al final

DEL camí on trobaria la masia de l'oncle, a recer del

SOL, i el càntir d'aigua fresca a punt per refer-se.

PERÒ abans d'arribar va topar amb un home i un ase.

L'AMO de l'animal es va mirar l'Aina tot estranyat. Llavors

EL ruc també la va veure i es va posar a bramar molt fort i

VA encarar-se amb l'Aina rabiüt, indignat. I és que l'ase volia

RECLAMAR el seu barret que havia perdut pel camí.

Anagrama

DECISIÓ INESPERADA

La família **AIRGELA** vivia feliç en un pis de l'Eixample barceloní, un d'aquells pisos que tenen una **GALERIA** assolellada tota plena de plantes.

Un diumenge, després de dinar, quan estava tota la família asseguda tranquil·lament a la **GALERIA**, el fill gran, sense cap avís previ i amb aquella **ALEGRIA** i despreocupació que el caracteritzava, va dir:

—Me'n vaig a **ALGÈRIA**.

Tothom es va quedar de pedra. L'àvia, disgustada i mig plorosa, va sospirar:

—Sembla que **ARA GELI**, quin fred m'ha entrat de cop!

La germana no entenia el perquè d'una idea tan desassenyada. El pare li deia que era un país conflictiu, li comentava que allà se li **GELARIA** la sang amb tants ensurts com tindria. I la mare li recordava que, si bé **ERA ÀGIL** movent-se, això no li garantia que podria salvar tots els perills en què es trobaria. Malgrat tot, el noi se'n va anar.

Aviat es va adonar que en aquell país tot era difícil **I A ALGER**, la capital, encara més. Allà va trobar una feina, però era molt estressant, no el deixaven ni respirar. **EI, AL GRA**, li repetien cada vegada que s'aturava una mica.

Per tot això, es va adonar que aquella nova vida no era feta per a ell, i es va començar a enyorar. Trobava a faltar l'**ALEGRIA** de la vida familiar. Li venien al cap totes les estones que compartia amb els pares, la germana, l'àvia... Les tardes passades a la

GALERIA de casa. Pensava en aquella planta que havia cuidat sempre, des que era un petit brot. **I LA REGA** algú?, es preguntava.

I al cap d'un temps, li va agafar un rampell i, com si fos una au **ALÍGERA**, va travessar el mar i va tornar a casa.

Cal·ligrama

LA JANA I ELS CAL·LIGRAMES

La petita Jana no podia recordar què deia la cançó que li havien ensenyat a l'escola.

—Parla d'un peix, un peix petit, i una canya per pescar-lo i..., no sé què més.

Aleshores el seu germà Marc es va recordar de la cançó que havia après ell, quan era petit i anava al mateix curs que ara feia la Jana. Tot decidit va agafar llapis i paper, i va escriure-li la cançó de manera que totes les paraules formaven el dibuix d'una canya de pescar... Ah, i hi va fer dos dibuixets perquè s'orientés bé.

Aleshores li va donar el paper tot dient-li:

—Té, perquè et sigui més fàcil recordar què diu la cançó.

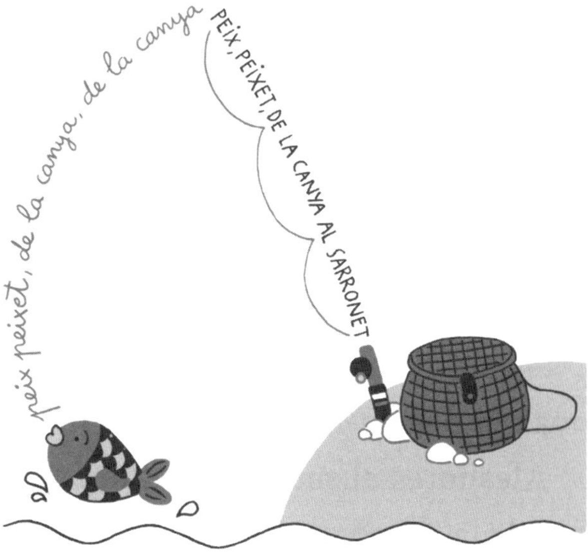

—Ui! Així sí que és fàcil d'aprendre! —va exclamar la nena.

Al cap de pocs dies la Jana va arribar de l'escola dient tota eufòrica:

—Han guanyat els Estels de Paper! És el nom que jo havia proposat!

—De què parles? —li va preguntar l'Ariadna, la seva germana gran.

—Doncs de què vols que parli?, del nom de la classe.

—Ah! —va fer l'Ariadna—. Així que us direu Estels de Paper?

—Sí, sí! —va respondre més que contenta la Jana.

—Doncs mira quina casualitat! —va afegir la seva germana—. Avui a l'escola hem escrit cal·ligrames i jo n'he fet un que representa un estel de paper.

L'Ariadna va córrer cap a la seva habitació i, al cap d'un moment de res, en va sortir amb un full a la mà i tota riallera va dir:

—Té, te'l regalo perquè l'ensenyis als teus amics de la classe dels Estels de Paper.

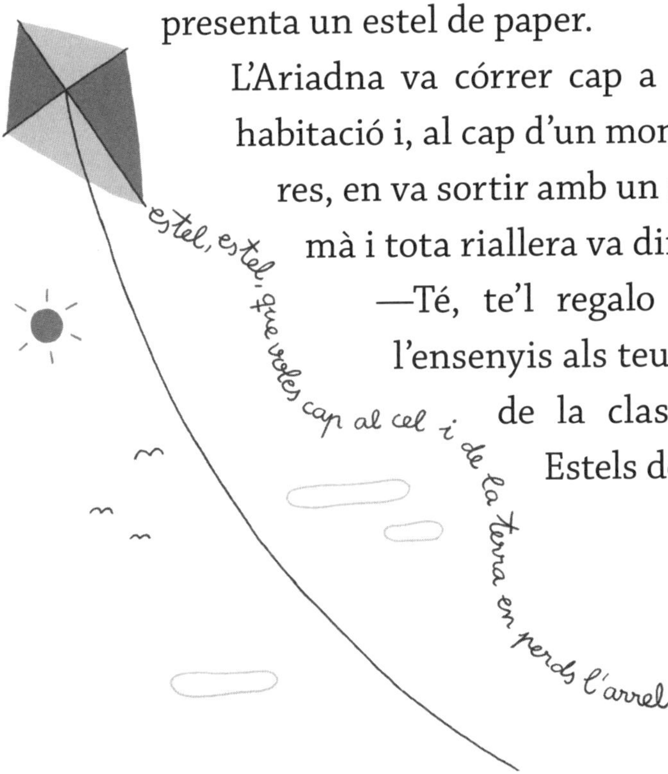

—Oh! És un estel que està volant. Com tiba el fil! —va exclamar la Jana—. I això és la cua, oi? Està feta de paraules! Què expliquen?

I l'Ariadna, amb molta il·lusió i força paciència, va llegir les paraules en veu alta i li va explicar el significat del text que ella mateixa havia inventat.

Just després que l'Ariadna fes aquell aclariment, la Jana va dir:

—Doncs jo també vull fer un dibuix amb paraules. Jo ja sé escriure.

—I quin dibuix vols fer? —li va preguntar el Marc.

La pregunta la va desconcertar una mica, però no va desistir del seu propòsit. Va començar a mirar al seu voltant i res, no li venia la inspiració. Després va mirar per la finestra i... No li va caldre gaire estona per decidir-se. Finalment va exclamar:

—Ja ho sé. Tinc una bona idea: el fum de la xemeneia d'aquella fàbrica d'allà, al final del poble. Mira com puja cap al cel!

I va començar a escriure la paraula «fum» moltes vegades, cargolant-la, enfilant-la amunt i una mica inclinada cap a un cantó, tal com, des de la finestra, ella veia el fum que pujava empès pel vent. I entre tots tres van completar aquest cal·ligrama.

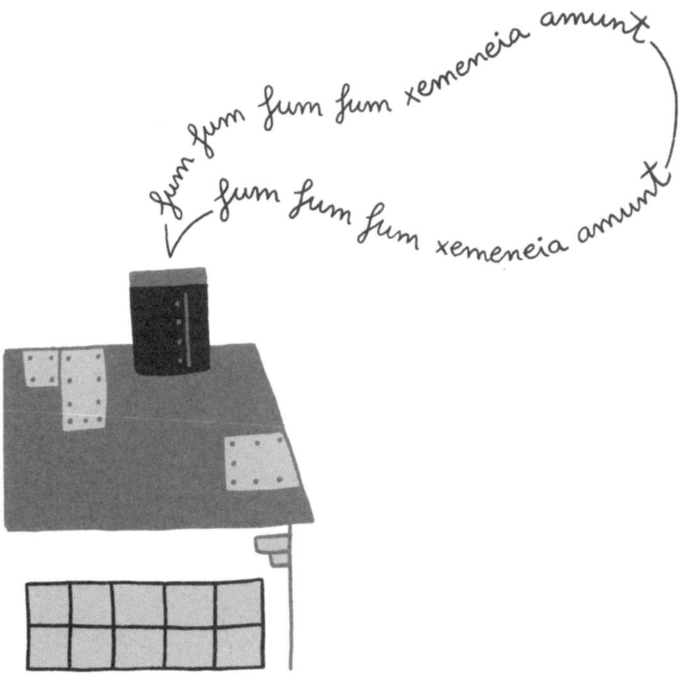

I així va ser com tots tres germans van aprendre a jugar amb els mots, tot donant-los forma segons el moviment que representen.

I conte contat, aquesta història de cal·ligrames s'ha acabat.

Cronograma

L'OBSESSIÓ DEL JULI

El meu amic Juli és un company força divertit, però una mica estrany. Dic això perquè té una obsessió desmesurada per la història, sobretot per tot allò que fa referència a l'època romana. Perquè us feu una idea de fins on arriba la seva fal·lera, us diré que ell sempre que ha d'escriure el seu nom o ha de signar algun treball, ho fa així: IVLIVS. Sí, sí, tal com sona.

—Bé, això no sona de cap manera —li vaig insinuar jo quan m'ho va fer saber—, no hi ha manera de pronunciar aquest nom.

Ell es va enfadar molt i em va tractar d'ignorant tot dient-me:

—Com que no es pot pronunciar? JULIUS. Aquí hi diu Julius. Que no saps que antigament la U i la V eren intercanviables, així com la I i la J? Només cal observar les inscripcions romanes.

—Aaah... —vaig fer jo. Qualsevol li portava la contrària.

—A més —va afegir com a nou argument—, si hi ha persones que es diuen Marcus o Màrius, per què jo no em puc dir Julius?

Res a dir, vaig pensar sense obrir boca. No era el moment de comentar-li altres qüestions en les quals no estava d'acord, com la seva manera d'escriure les dates. És molt poc pràctic anotar tantes lletres en lloc de fer-ho amb nombres. A veure, quan escric l'any que es van celebrar els Jocs Olímpics a Barcelona, el 1992, utilitzo quatre caràcters, però si ho faig amb xifres romanes, MCMXCII, en necessito set, de caràcters, i de segur que poca gent pot llegir aquesta data amb facilitat. En fi, no volia tirar més llenya al foc.

Ara bé, alguna vegada li hem de donar la raó amb això de la ignorància de la gent en relació amb els nombres romans. Com aquell dia que, anant en metro vam sentir una senyora que, tot mirant el gràfic indicatiu de les parades, va preguntar a la noia que anava amb ella:

—Hem de baixar a la parada d'Alfons icx, oi?

—No, senyora —no se'n va poder estar en Juli—, en tot cas, vostè baixarà a la parada d'Alfons deu, la X és un deu, senyora!

Bé, m'estalvio altres anècdotes i passo a relatar el joc a què ens va abocar el nostre amic.

—El meu nombre és el 62 —ens va engaltar un bon dia. Evidentment, tots a l'una li vam preguntar:

—Per què?

—Doncs perquè si sumo el valor de les lletres numerals del meu nom, que per cert ho són totes menys una, 1 + 5 + 50 + 1 + 5, em dona 62.

I ja ens teniu a tots agafant llapis i paper per poder descobrir quin era el nostre nombre.

La Gemma, molt satisfeta, va proclamar el seu 2.000. La Laura es va alegrar amb el seu 55, un capicua! El Dídac ens va sorprendre amb un 1.101.

El Marcel·lí va exclamar:

—Dídac, et guanyo per 100, el meu nombre és 1.201.

El Pere, contrariat, va dir:

—Aquest joc és una ximpleria, jo no tinc cap lletra numeral, i em nego a ser un 0.

En canvi, la Meritxell, després d'estar-se una estona anotant, sumant i repassant la suma, va exclamar molt sorpresa:

—Fantàstic! Mai m'hauria imaginat que jo soc un 1.111, quatre uns!

I jo, només amb dues lletres numerals, també vaig obtenir un capicua, molt famós entre els seguidors del Tintín, el 1.001.

Sabeu com em dic?

Nota: El narrador es diu Martí.

Homofonia

LA SENYORA TERESINA

26 L'Angeleta i l'Antònia, es troben a la perruqueria. Han arribat totes dues ALHORA.

—Bon dia Antònia! Veig que tu també has vingut A L'HORA dels matiners.

—Sí, noia —respon l'Antònia—, he deixat els nens a l'escola i he corregut cap aquí. És que demà serà un dia molt complicat, la meva mare S'OPERA del genoll, però si tot va bé i SUPERA la intervenció sense complicacions, el dia de Nadal ja podrà portar a taula la SOPERA del caldo amb galets, com cada any.

—Tant de bo sigui així —comenta l'Angeleta—, perquè la SENYORA Teresina és una persona que S'ENYORA molt quan no pot festejar les diades tradicionals, tal com sempre ha fet.

—Ai, sí! Li agrada celebrar totes les festes i festetes amb una gran TAULADA plena de gent. Ah, i que el fum de la cuina pugi per la xemeneia, fins a la TEULADA, perquè de lluny estant es vegi que a casa seva es prepara un bon dinar. Sempre diu: «ENLLOC com a casa».

—És veritat. No entén com hi ha gent que se'n va a un restaurant per celebrar les festes, EN LLOC de trobar-se a casa. Està tan acostumada a les famílies nombroses... Em va explicar que, quan era petita, eren deu a casa seva, bé, VUIT germans i els pares. I a l'hora de dinar, quan el pare cridava: «A la taula i al llit, al primer crit!», en pocs segons no quedava ni un seient BUIT.

—Ai, sí! —riu l'Angeleta—. La meva mare sempre explica històries de quan era petita. Ella no VA CALLAR mai, ja saps que sempre li ha agradat tallar el BACALLÀ, remenar les cireres, manar, vaja. Però SABIA dir les coses amb tanta gràcia i convenciment que mai S'HAVIA trobat amb ningú que se li enfadés. Si fa o no fa, tal com passa ara.

L'Antònia i l'Angeleta riuen a cor què vols.

I és que la senyora Teresina és TAN popular al poble, que tothom la coneix i se l'estimen TANT...

Logogrif

PLOU A L'HORA DEL PATI

Són les onze del matí.

—És l'hora del patí! Hurra!

—Oh, no! Està plovent... No podem sortir a fora.

—I jo que ja tenia la pilota a punt...

La mestra vol animar els seus alumnes i els proposa una altra activitat:

—Per un dia podeu jugar amb jocs de taula. Què us sembla? Però les respostes dels nens no són gaire engrescadores:

—Uf, ja ens els sabem de memòria, els jocs que hi ha a la classe.

—A més, a molts els falten fitxes o cartronets, o els daus...

—Doncs què us sembla si juguem a buscar paraules? —pregunta la mestra. Els seus alumnes la miren intrigats, i ella continua:

—És un joc semblant a l'Scrabble però s'hi juga amb llapis i paper. Podeu fer cinc grups de cinc persones cada un, així us ajudareu els uns als altres. A veure quin grup guanya.

Sembla que aquesta proposta els ha fet gràcia perquè ja comencen a agrupar-se. La mestra continua:

—Jo us donaré una paraula ben llarga i cal que cada grup trobi el màxim de paraules vàlides que tinguin, com a mínim, quatre lletres de la paraula inicial. Les podeu combinar i canviar d'ordre.

I els escriu un exemple a la pissarra: MAGATZEM. De seguida comencen les intervencions:

—Mireu, amb les quatre primeres lletres ja tenim una paraula: MAGA.

—I canviant l'ordre surt TEMA.

—Jo n'he vist dues: GATA, MATA.

—I jo he vist el meu nom: GEMMA!

—I la lletra ZETA.

Després d'aquesta petita demostració, els nens i nenes, engrescats, agafen llapis i paper i es disposen a escoltar la paraula.

—Ah —afegeix la mestra abans de començar a jugar—, cal aclarir la puntuació: cada lletra de cada paraula serà un punt. Us dono deu minuts per buscar com més paraules millor i com més llargues, més punts. Passat aquest temps farem el recompte. Entesos?

—Sííí! —responen tots.

—Doncs endavant. La paraula és...

LLIBRETERIA.

Cada grup, que prèviament ha triat un secretari, es posa a la feina. Les primeres paraules surten amb facilitat: LLIBRETER,

LLIBRE, però aviat s'encallen. Una nena del grup 1 retalla onze paperets, i a cada un hi escriu una lletra de la paraula que els ha donat la mestra. Sembla que aquesta estratègia els funciona perquè la llista de paraules es va allargant. Els altres copien la idea i, evidentment, reben l'escridassada dels components del grup 1:

—Copions! Quina barra! No hi ha dret! Els altres es defensen:

—Ei, que no us estem pas copiant les paraules!

—Només faltaria!

Un nen del grup 5 corre a buscar el diccionari. Com no se'ns havia acudit?, pensen els altres. I tot són corredisses cap a la prestatgeria dels diccionaris.

Passen els deu minuts.

—S'ha acabat el temps! —diu la mestra—. Doneu-me els fulls.

Aquestes són les llistes de paraules que cada grup ha lliurat a la mestra:

Grup 1: LLIBRE, LLIBRETER, LLIBRETERA, BELL, BELLA, TRIA, TRIARÉ.

Grup 2: LLIBRETER, LLIBRETA, LLIBRE, RIERA, TERRA, ILLA, ALLIBERI.

Grup 3: LLIBRETA, LLIBRE, ILLA, BRILLA, BRILLAR, BRILLARÉ, ABRIL.

Grup 4: LLIBRE, LLIBRET, LLIBRETA, LLIBERTAR, LLIBERTARI, RERE.

Grup 5: LLIBRER, LLIBRETER, LLIBRE, LLIRI, RELLA, TERRA, RETREIA.

I comença el recompte. La pissarra s'omple de paraules, de nombres i de sumes. Els grups estan gairebé empatats. Qui guanyarà? Quina emoció!

Finalment, per un sol punt de diferència, apareix el guanyador, és el grup 2. Ha aconseguit 45 punts!

—Viscaaa! —criden els seus components.

El temps ha passat volant, s'ha acabat l'estona de pati i molts alumnes encara no s'han acabat l'esmorzar. La mestra fa una breu concessió.

—Au, va, us deixo cinc minuts més per acabar d'esmorzar.

Ha valgut la pena, pensa la mestra satisfeta, ha estat una estona molt ben aprofitada.

Monosil·labisme

TOTS JUNTS A LA LLAR

S'ha fet fosc, és de nit. Tots són a la llar, els grans i els xics. Tot és clos, a dins no hi fa fred. Al foc hi ha un pot molt gran que treu fum, deu ser el peix que es cou.

Tot és a punt per fer el tec. Als gots hi ha vi, als plats hi ha brou i al bol del nen més xic hi ha la llet.

El vell Pep vol el pa i la sal. El noi gran va cap on hi ha la sal i el pa, els pren i els don al Pep, el més gran de la llar, que seu al cap de la post. El Pep és un bon jan, a tot diu que sí.

Les deu. A la llar de foc hi ha els troncs roigs que fan crec-crec, són uns pets xics, plens de llum. Tots són a frec del foc, els grans i els xics. És el torn del vell.

—Va Pep, quin és el teu giny, hui? —diu el noi gran.

El Pep és com un mag amb els mots que diu. Ell riu, no vol fer por, o sí... Són fats de gent que fa sort, o que fuig d'un lloc. De reis amb trons, o ducs plens d'or... Pot ser un hom que ha mort i que surt del clot i va pel món de nit, tot fent surts...

Els xics fan:

—Ai, tinc por!

—Oh, jo no vaig tot sol al llit!

—Jo vull un llum a la nit. Quan és tot fosc tinc més por. I la gent gran no vol dir que té por, i riu per no fer un crit. Fins que la son pot amb tots.

—Cap al llit! —diu el Pep.

El cel de la nit cau com un llenç. Hi ha pau a tot el mas.

Monovocalisme

QUÈ PASSARIA SI...

Què passaria si de cop desapareguessin totes les vocals i **solament quedés la A**? Doncs que només podríem escriure textos com aquest:

L'Alba fa:

—Aaah!

Ha ballat massa. Para d'anar amb la canalla. La rascada a la cama fa mal, ara la sang raja. La Marta, la mama, va cap allà, l'agafa, l'abraça.

—Va Alba, cap a casa, t'has cansat massa amb la dansa.

—La dansa... Ja! Saps? —fa l'Alba cansada—. S'ha acabat ballar. Ara a cantar.

Què passaria si la E, en un atac de gana, es mengés totes les altres vocals i es quedés tota sola?

Doncs que tothom hauria de parlar, més o menys, així:

Sempre estem pendents de les festes de les Terres de l'Ebre, que se celebren en temps de fred, pel febrer, perquè festegen els fets de les deesses celestes, que espeteguen efervescents pel cel. Semblen estrelles que els entren les presses. Es perceben del dret, del revés...

Què passaria si la I, tan prima i envejosa, comencés a repartir cops de bastó i deixés les altres vocals malmeses i inservibles?

Doncs que sempre que parléssim, semblaríem un poltre renillant. Escolteu-vos mentre llegiu aquestes frases:

Fixi's quins dits prims i distingits.

Vingui, miri quins ibis xics i fins. Cinc, sis... vint!

Tinc cinc fills inscrits: Quim, Nil, Iris, Miqui i Nin.

Sigui cívic i digui sí.

Què passaria si la O començés a rodolar, sense mirar per on va, i aixafés totes les seves germanes vocals, deixant-les ben planxades?

Doncs que diríem totes les paraules amb una expressió constant d'admiració, d'exclamació, de sorpresa o de por.

Roc, ho vols tot molt dolç i olorós? Bombons, torrons, coco, dolços...

Doncs jo, Roc, soc com soc, no soc com tots. Compro poc, no porto molt bossot. Compro col, molls, llom, porc... Tot molt bo. No dolç.

Què passaria si la U esdevingués un pou i totes les vocals que li van al davant, en abocar-se per veure què hi té a dins, caiguessin i s'hi ofeguessin?

Doncs que amb la U tota sola, se'ns quedaria la boca tan petita que només podríem prendre sucs amb canya. Si no us ho creieu, llegiu aquestes paraules:

Un lluç un punt cru.
Un ull lluu lluny.
Sulfurs purs.
Murs turcs, durs.
Vull sucs curulls.
Un rus cull un cuc.
Puc dur un ruc.

Sort que no ha passat res d'això i, ara per ara, tenim totes les vocals per poder escriure aquestes paraules tan boniques i sonores que llueixen **totes les vocals**:

F**U**NC**IO**N**A**M**E**NT, N**E**B**U**L**O**S**I**T**A**T, C**U**R**IO**S**A**M**E**NT, R**EU**N**I**D**O**R**A**, **E**D**U**C**A**C**IÓ**, **O**P**U**L**È**NC**IA**, PR**E**C**AU**C**IÓ**...

Mots seriats

UNA VIATGERA COMPULSIVA

La senyora Rosa, des que es va jubilar, no para de viatjar. Tant li fa que siguin trajectes llargs com curts. Tant se li'n dona si ha d'agafar l'avió o el tren, el cotxe o un vaixell.

Per a la Rosa tots els indrets són bonics i interessants. A tot arreu troba llocs, paisatges, persones i històries que satisfan la seva curiositat.

Per això es deixa dur per la intuïció.

I com funciona la seva intuïció? Intentaré explicar-ho. Tot depèn de les lletres i de les paraules que aquestes formen. A veure si em faig entendre.

Ella viu a REUS i un bon dia, a partir d'aquesta paraula, va anar canviant totes les lletres, una per una, fins arribar a TONA. Com ho va fer?, us preguntareu. Molt fàcil, veureu:

REUS
RE**N**S
TENS
T**O**NS
TON**A**

I cap a Tona falta gent. De TONA se'n va anar a MOIÀ. Va ser un camí molt curt, en tots sentits.

TONA
MONA
MO**I**À

Aleshores va agafar el cotxe i es va traslladar a PALS.

MOIÀ
MO**L**A
M**A**LA
MAL**S**
PALS

Som a la tardor, va pensar la Rosa, he anat massa amunt, aviat farà fred. Me'n vaig avall, que les temperatures són més suaus.

I aleshores va decidir anar cap al sud. En un moment va trobar la destinació. Però va haver de baixar tant i tant, que va anar a parar a l'Àfrica.

PALS
MALS
MAL**I**

Un cop allà instal·lada va pensar que ja n'hi havia prou de donar voltes pel món i, veient la gran quantitat i varietat de fauna que hi havia en aquell país, es va entusiasmar tant, que va començar una altra corrua de mots.

Però aquesta vegada es tractava de tota mena d'animals, petits o grans, carnívors o herbívors, corredors o nedadors, voladors o reptadors... Animals que pogués descobrir, observar i fotografiar.

Del MICO va anar a parar a la RATA:

MICO
M**A**CO
MA**T**O
MAT**A**
RATA

Seguint els CIGNES va descobrir les HIENES:

CIGNE
SIGNE
SIGN**A**
SI**E**NA
HIENA

I per arribar fins a la PANTERA partint d'una TORTUGA, va fer un llarg i lent trajecte, com era de suposar, tractant-se d'aquest rèptil tan feixuc.

TORTUGA
TORTU**R**A
TORT**E**RA
PORTERA
P**A**RTERA
PA**N**TERA

Ara la Rosa s’adona que s’està fent gran,
que ja ha viatjat prou, que pot ser que aquí
a MALI
li vinguin tots els MAL**S** i que
és possible
i probable
 que aviat se li acabin els **R**ALS.
Per això no vol fer R**E**LS en aquest
país. Així
que decideix
que vol tornar a casa, a RE**U**S.

Palíndrom

IMATGES SIMÈTRIQUES

Si no fos per mi, l'Anna no hauria descobert mai que el seu nom era molt especial.

Va ser un dia que jo estava dret just al costat del paper on l'Anna havia escrit el seu nom. De cop em va mirar i va exclamar molt sorpresa:

—ANNA! Aquí també es llegeix ANNA!

Sabeu qui us està explicant aquesta història? Encara no heu endevinat qui soc? Doncs sí, soc un mirall, un mirall rectangular, no gaire gran, d'aquells que moltes dones porten a la bossa. I, com a bon mirall, reflecteixo tot el que se'm posa al davant.

L'Anna es va quedar tan meravellada amb aquell descobriment, que de seguida va començar a escriure lletres i a formar mots sense parar. Volia trobar moltes paraules capicua, com el seu nom. Em mantenia dret damunt la taula, recolzat en una pila de llibres. Escrivia i em mirava. Escrivia i em mirava. Es va obsessionar. Les expressions d'alegria i les ganyotes de contrarietat s'anaven succeint.

—CUC, sí! COP, no... diu POC. POP, sí! SAS, sí, però no, no vol dir res aquesta paraula. MÍNIM, sí! I té cinc lletres! ARRÒS, no..., al revés diu SORRA... Ah!, però em pot servir per fer una frase que comenci amb *arròs* i acabi amb *sorra*, sí!! ARRÒS A LA SORRA. Visca!!

I a partir d'aquí va començar a buscar paraules per tal de confegir frases capicua: PARRA-ARRAP, OLLA-ALLÒ,

TOLL-LLOT, COLL-LLOC, ATUR-RUTA, SOM-MOS, MOC-COM, SERRA-ARRES, MENA-ANEM...

Bé, us estalviaré totes les provatures que va fer l'Anna aquell dia i els següents, perquè seria un no parar. El cas és que a partir d'aleshores es va dedicar a buscar paraules capicua i, sobretot, frases senceres que es llegissin del dret i del revés.

I les utilitzava en totes les converses. Només li calia sentir uns mots adients i ja engaltava el capicua, vingués o no vingués a tomb. Vegeu sinó aquests exemples que jo he viscut de molt a prop, perquè l'Anna no es desfà mai de mi. Em porta a la bossa sempre, l'acompanyo a tot arreu.

Jutgeu vosaltres mateixos.

He anotat només preguntes i respostes, el context us el podeu imaginar.

—On és la Núria?

—NÚRIA A IRUN.

...

—Noia, quina mala cara que fas.

—ARA CAL REFER LA CARA.

...

—Què cal comprar per a la revetlla de Sant Joan?

—LA COCA, MACO, CAL.

...

—El Pere ha hagut de tancar el negoci que va engegar l'any passat.

—SEVER REVÉS.

...

—Sabíeu que l'Aina estudia rus?

—AINA ÚTIL A LITUÀNIA.

...

—Que difícil és muntar aquest armari. Com podem encaixar aquestes peces?

—POC A POC I COP A COP.

...

—Jo soc molt bo en matemàtiques i en Martí també.

—NI ETS NI ÉS EINSTEIN.

—Heu vist quin golàs ha fet el nostre davanter?

—LÒGIC, ATAC I GOL.

—Què us sembla si dinem en algun restaurant d'aquí mateix?

—ÀPAT O TAPA?

...

I així anava parlant sense aturador fins que un dia, en una trobada d'amics i amics dels amics, va conèixer un noi, que es deia PEP. Aquest, tip de sentir-la, li va dir:

—I ARA CALLA, CARAI!

L'Anna es va quedar tan parada que no va saber què dir. Per primera vegada en molt de temps es va quedar muda. Però en el fons estava contenta. Havia trobat la seva ànima bessona.

I jo segueixo emmirallant paraules i més paraules. En l'actualitat tinc doble feina perquè vaig ser presentat al tal PEP i ara em fan servir tots dos.

Tautograma

MISSATGES MÍNIMS

A

Arribar a Argentina amb avió afavoreix albirar aquelles aurores alegres amb algunes aus alçant-se audaces, agitant ales; aucells aurífers amb albor albada.

C

Caminem camins, caminets, corriols, carreteres. Contemplem cases, casetes, casals, casalots. Clissem camps, contrades, canyissars, camperols com cullen cereals... Cap contratemps. Captem campanades, cloqueigs, clapits... Cames, cara, cap, cor,... campen contents. Correm com campions.

Cerquem cims, cels celestes, cinc-centes celísties, centaures, ciclons, cerç circulant, circumval·lant-nos.

D

Damià, després de dies difícils, de despits densos, de dificultats, dies de dubtes, de debats, de discussions... decideix desar dossiers...

—Deixo despatxos, diantre! —diu directe, decidit—. Dibuixaré, dissenyaré, decoraré. Darrere deixa dies difusos, diluïts. Davant descobreix dies diàfans, dies de decisions destacades. Dissenyarà decorats, delinearà dependències, dibuixarà detalladament devessalls de dracs, dofins, daines, dolces damisel·les, delicioses dives, demoníacs diables, decrèpits druides, déus deformes... Decorarà damunt, davall, davant, darrere... dilluns, dimarts, dimecres, dijous... diàriament. Decidit!

P

Pel paisatge, pel país, per productivitat, per principis... Pronunciem: Prou!

Prohibit pixar pel prat perquè pot portar perjudicis per poder produir patates primerenques, pastanagues preuades, pebrots preciosos, pèsols plens... Pel pixum podríeu perjudicar productes, preus, persones... Podríeu presenciar pèrdues precioses, pàmpols pansits, panís perdut... Perdríem patrimoni. Prou!

T

Teo, Tomàs, Tim, tots tres tenen talent. Teo té tics, tanmateix toca trompeta, trombó, tuba, tenora. Tomàs timbaleja tenaçment tambor, tamborí, timbal, timbales. Tim tria teclats, també triangle.

Teatre. Tània: tiba teló!

Tam-tam, tric-trac, tururut-tururut... Tot trontolla, Tothom taloneja, talment tamborers, tots trameten tons, taral·laregen... Tanta tabola trona timbrada, tot transmet tamborinada. Tanmateix tot traspua tendresa.

Triomf total!!

Tània: tanca teló...

BREU DICCIONARI D'ENIGMÍSTICA

Acròstic

Paraula o lletra inserida en una composició literària, generalment al començament de línia, que es pot llegir verticalment, com ara, per exemple:

Branques ufanoses,
Ombres i llums,
Sorolls tranquils,
Caminets amagats.

Anagrama

Mot format per la transposició de les lletres d'un altre mot, com per exemple REGAR i GERRA.

Bifront

Paraula que permet llegir-se d'esquerra a dreta i de dreta a esquerra, i té dos significats diferents com el clàssic ROMA - AMOR.

Cal·ligrama

El cal·ligrama és un poema visual que utilitza la disposició de les paraules per representar el contingut del poema o de l'escrit.

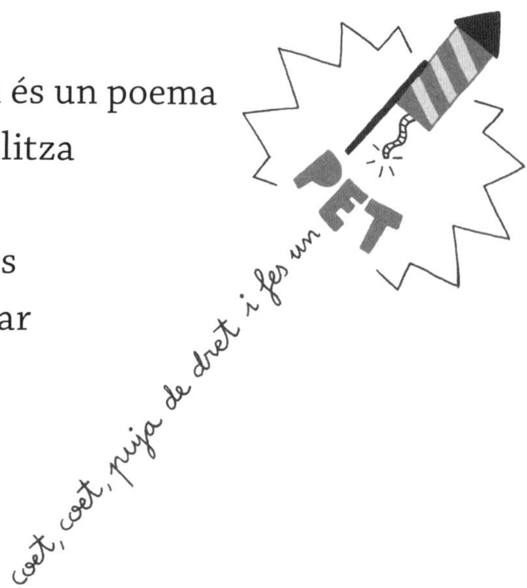

Cronograma

Joc literari pel qual les lletres numerals romanes que conté una paraula o una frase, reunides, i sumat el seu valor numèric, expressen una quantitat determinada o una data concreta, com per exemple: A quIna **V**e**L**o**CI**tat **V**a? 1 + 5 + 50 + 100 + 1 + 5 = 162

Homofonia

Dos o més mots són homòfons quan en pronunciar-los sonen igual però s'escriuen diferent i, evidentment, tenen un significat diferent, com per exemple:
FALÇ i FALS, o bé CAPELLÀ i CAP ALLÀ.

Logogrif

A partir d'una paraula donada, cal trobar el màxim de paraules amb significat, recombinant, com a mínim, tres lletres del mot inicial. Per exemple:
A partir de la paraula HORITZONTAL podem escriure HORITZÓ, HORTA, HORA, TINA, TALÓ, ALTO, ZONA, TIR, ZOO...

Monosil·labisme

Poemes o composicions en prosa escrits només amb mots d'una sola síl·laba. Per exemple:

VAIG PEL MÓN
AMB UN TROS DE PA,
UN POC DE SENY
I UN XIC DE FE.
I JA FAIG!

Monovocalisme

Es tracta de buscar paraules que només utilitzin una sola vocal, com per exemple: PASTANAGA, PESSEBRE.

Mots seriats

Joc de derivació. Es proposen dos mots de la mateixa llargada i l'enigma consisteix a relacionar-los tot interposant altres paraules que diferiran de l'anterior en una sola lletra. Per exemple: MICO – M**A**CO – MA**T**O – MAT**A** – **R**ATA.

Palíndrom

Paraula o frase que es llegeix igual de dreta a esquerra i d'esquerra a dreta, en català rep el nom de capicua. Per exemple:
TÉ SON, NO SET.

Pentavocalisme

Un mot pentavocàlic és aquell que conté totes cinc vocals, com: **EU**F**Ò**R**IA**.

Tautograma

És un text en què totes les paraules comencen amb la mateixa lletra, per exemple: TRES TRISTOS TIGRES.

SUGGERIMENTS PER FER ACTIVITATS

Acròstic

Pensa't una frase curta, com ara, per exemple: EL CONILL ES VA AMAGAR.

Escriu les paraules una a sota de l'altra i després ves escrivint horitzontalment el text de manera que tingui sentit i que parli del que diu la frase curta.

Anagrama

El MÀRIUS SERRA diu que mai farà poesia perquè amb les lletres del seu nom li van escriure RES US RIMARÀ.

Seria molt divertit trobar tots els anagrames que s'amaguen en el teu nom. I si és una paraula curta, pots fer com el Màrius Serra, utilitza el nom i el cognom.

Cal·ligrama

Et proposem que facis un cal·ligrama amb algun d'aquests poemes seguint la forma o el moviment que expressen.

L'arc de Sant Martí,
la pluja, la pluja,
L'arc de Sant Martí,
la pluja és aquí.
(Popular catalana)

Fa mala mar i el vent furiós
s'emporta la barca lleugera.
(Popular francesa)

Un camí, quina cosa més curta de dir!
Quina cosa més llarga de seguir.
JOSEP M. DE SAGARRA

Cronograma

A veure si saps la solució d'aquest cronograma:

Aquesta és una fe**I**na e**XCL**us**IV**a **I** e**X**haus**t****IV**a per a**L**s sa**VI**s: Any en què **C**o**L**o**M** arr**I**ba al nou **C**ont**I**nent.

I ara et podries inventar un cronograma i donar-lo a una companya o company perquè el desxifri.

Homofonia

Aquí tens unes parelles de paraules homòfones i unes frases per completar. A veure si saps col·locar cada mot al lloc que correspon.

signe/cigne   món/mont   gaire bé / gairebé
a les hores / aleshores   tan bé / també

Mira el coll del ...., sembla un .... d'interrogació.

He pujat al .... perdut i des de dalt m'ha semblat veure tot el ....

No es troba ...., deu ser per això que .... no ha menjat res.

.... punta els trens van plens i .... no puc seure.

Aquesta modista ho ha fet .... que .... li encarregaré el teu vestit.

Logogrif

Et plantegem un petit repte. Es tracta de buscar deu o més mots a partir de les lletres que formen la paraula CAMPAMENT. Recorda que cada paraula ha de tenir, com a mínim, tres lletres.

Monosil·labisme

A la llengua catalana tenim gran quantitat de mots monosil·làbics. Et proposo que facis un petit text utilitzant només paraules d'una sola síl·laba. Si segueixes aquests cinc passos et resultarà molt fàcil:

Primer, busca **noms**: *sol, mar, riu, pont, serp, gat, gos, nas, mà, flor, noi...*

Segon, busca **adjectius**: *verd, blau, gran, xic, tort, dret, alt, baix...*

Tercer, busca **verbs**: *faig, vaig, tens, diu, puc, dorm...* (han de ser en present).

Quart, busca **paraules que ajuden** a lligar el text: *el, de, com, per, on, un, tant, doncs...*

Cinquè, deixa anar la teva **imaginació**.

Monovocalisme – Pentavocalisme

Ets capaç de fer una frase de tres o més paraules que només tinguin la vocal E? I sabries trobar alguna altra paraula pentavocàlica?

Mots seriats

Escriu les paraules que indiquen el camí que va seguir la Rosa per anar de la SERP al PORC.

SERP
PORC

Solució: serp – serà – pera – para – parc – porc

Palíndrom - Bifront

D'entre totes aquestes paraules, tria les que són **palíndroms** i les que són **bifronts**, en aquest últim cas, escriu la paraula resultant.

ADOB ALLÀ ALLÒ AMOR ANIMAL CAIAC CEC CORB COS MAR MIM MÍNIM MOLL OLLA RADAR RAR REMER RIMAR SELLES SIS SUAUS.

Tautograma

En els ***Missatges mínims*** has pogut llegir textos amb paraules que comencen per A, C, D, P i T. A veure si ets capaç d'escriure un missatge amb paraules que comencin per E (*en, es, entrar, elefant, enorme, elegant, elevat, elecció...*) i per M (*mar, mosca, mel, mil, més, millor, mandrejar...*).

Índex

Aquí acaba aquest llibre
escrit, il·lustrat, dissenyat, editat i imprès
per persones que estimen els llibres.
Aquí acaba aquest llibre que tu has llegit,
el llibre que ja ets.